Impressum
Verlag: BABADADA GmbH, Nedderfeld 112 , 22529 Hamburg
Geschäftsführer / Verlagsleitung: Harald Hof
Druck: Books on Demand GmbH, In de Tarpen 42, 22848 Norderstedt

Imprint
Publisher: BABADADA GmbH, Nedderfeld 112 , 22529 Hamburg, Germany
Managing Director / Publishing direction: Harald Hof
Print: Books on Demand GmbH, In de Tarpen 42, 22848 Norderstedt, Germany

学校

sekolah

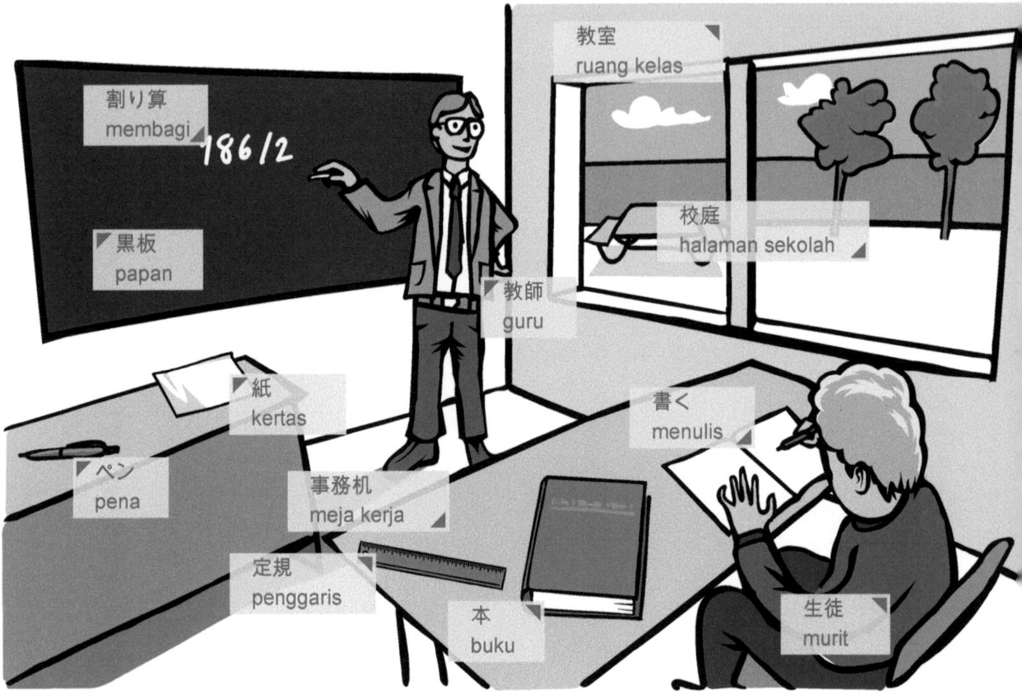
教室
ruang kelas
割り算
membagi
186/2
黒板
papan
教師
guru
校庭
halaman sekolah
紙
kertas
書く
menulis
ペン
pena
事務机
meja kerja
定規
penggaris
本
buku
生徒
murit

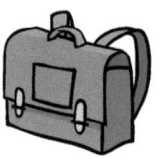

ランドセル

tas sekolah

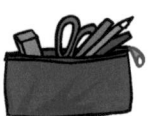

筆入れ

tempat pensil

鉛筆

pensil

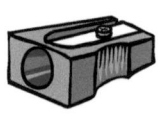

鉛筆削り

pengasah pensil

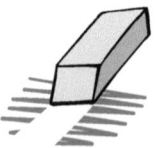

消しゴム

penghapus

スケッチブック

kertas gambar

スケッチ

gambar

絵筆

kuas

絵の具箱

kotak cat

はさみ

gunting

接着剤

lem

練習帳

buku latihan

宿題

pekerjaan rumah

数

angka

足し算

tambhakan

引き算

mengurangi

かけ算

mengalikan

計算する

menghitung

文字

huruf

アルファベット

alfabet

単語

kata

学校 - sekolah

テキスト

teks

読む

membaca

チョーク

kapur

授業

pelajaran

学級日誌

daftar

試験

ujian

通知表

sertifikat

制服

seragam sekolah

教育

pendidikan

百科事典

ensiklopedi

大学

universitas

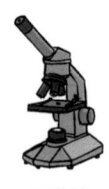

顕微鏡

mikroskop

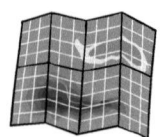

地図

peta

ごみ箱

tempat sampah

旅行
perjalanan

ホテル
hotel
Grand
ホステル
hostel
ROOMS
EXCHANGE
両替所
kantor pertukaran mata uang
スーツケース
koper
自動車
mobil

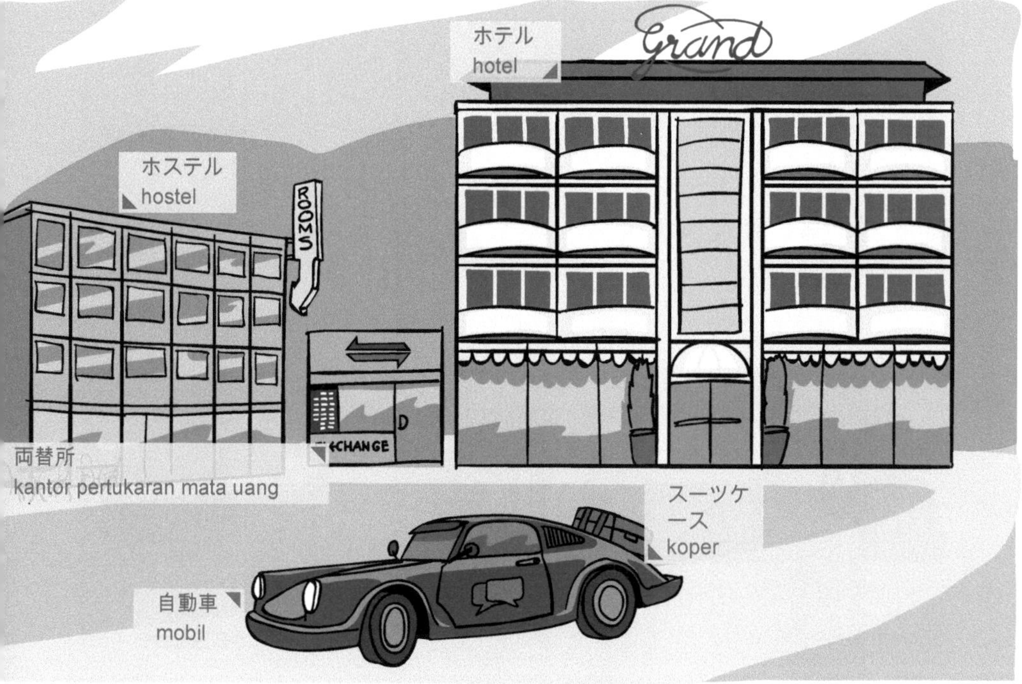

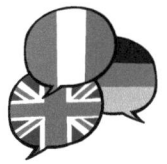

言語

bahasa

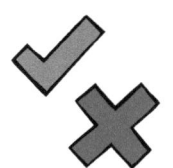

はい / いいえ

ya / tidak

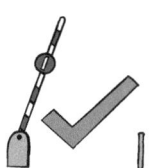

問題ない

okay

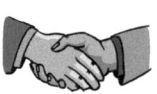

ハロー

hallo

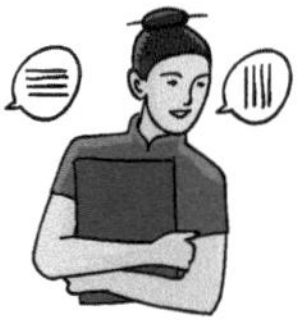

翻訳者

penerjemah

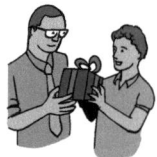

ありがとう

terima kasih

…はいくらですか？

Berapa harganya…?

わかりません

saya tidak mengerti

問題

masalah

こんばんは！

Selamat malam!

おはようございます！

Selamat siang!

おやすみなさい！

Selamat tidur!

さようなら

sampai jumpa

方向

arah

手荷物

bagasi

バッグ

tas

リュックサック

ransel

お客様

tamu

部屋

ruang

寝袋

kantong tidur

テント

tenda

旅行者情報

informasi wisata

ビーチ

pantai

クレジットカード

kartu kredit

朝食

sarapan

昼食

makan siang

夕食

makan malam

チケット

tiket

エレベーター

elevator

スタンプ

perangko

境界

perbatasan

税関

cukai

大使館

kedutaan

ビザ

visa

パスポート

paspor

輸送

transportasi

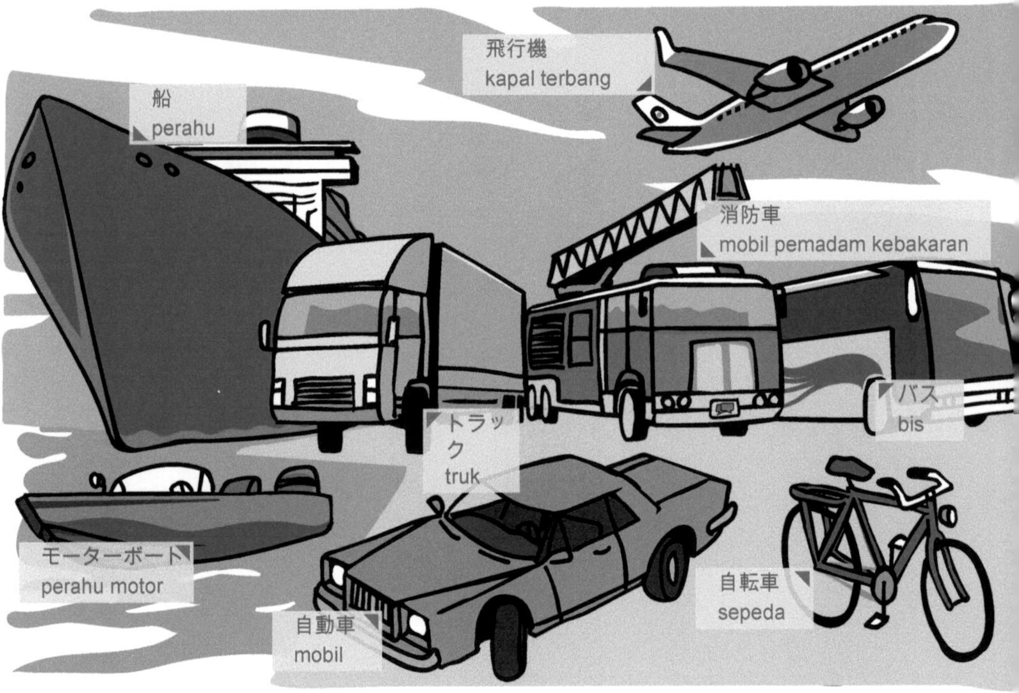

飛行機
kapal terbang
船
perahu
消防車
mobil pemadam kebakaran
バス
bis
トラック
truk
モーターボート
perahu motor
自動車
mobil
自転車
sepeda

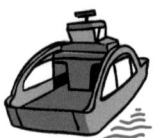

フェリー

feri

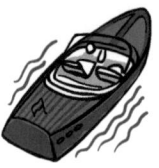

ボート

perahu

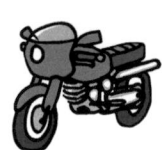

バイク

sepeda motor

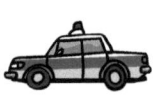

パトカー

mobil polisi

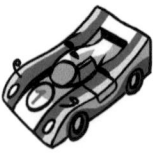

レーシングカー

mobil balapan

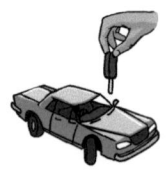

レンタカー

mobil sewa

カーシェアリング

berbagi mobil

レッカー車

truk derek

ごみ収集車

truk sampah

モーター

motor

燃料

bahan bakar

ガソリンスタンド

bensin

交通標識

tanda lalulintas

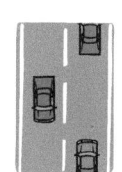

交通

lalulintas

渋滞

macet

駐車場

parkir mobil

駅

stasiun kereta

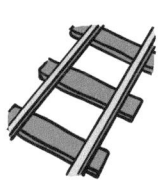

道

trek

列車

kereta api

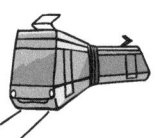

路面電車

tram

車両

gerobak

ヘリコプター

helikopter

空港

bendara

タワー

menara

乗客

penumpang

コンテナ

container

段ボール箱

karton

カート

troli

カゴ

keranjang

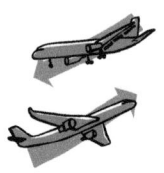

離陸 / 着陸

berangkat / mendarat

都市
kota

村

desa

都心

pusat kota

家

rumah

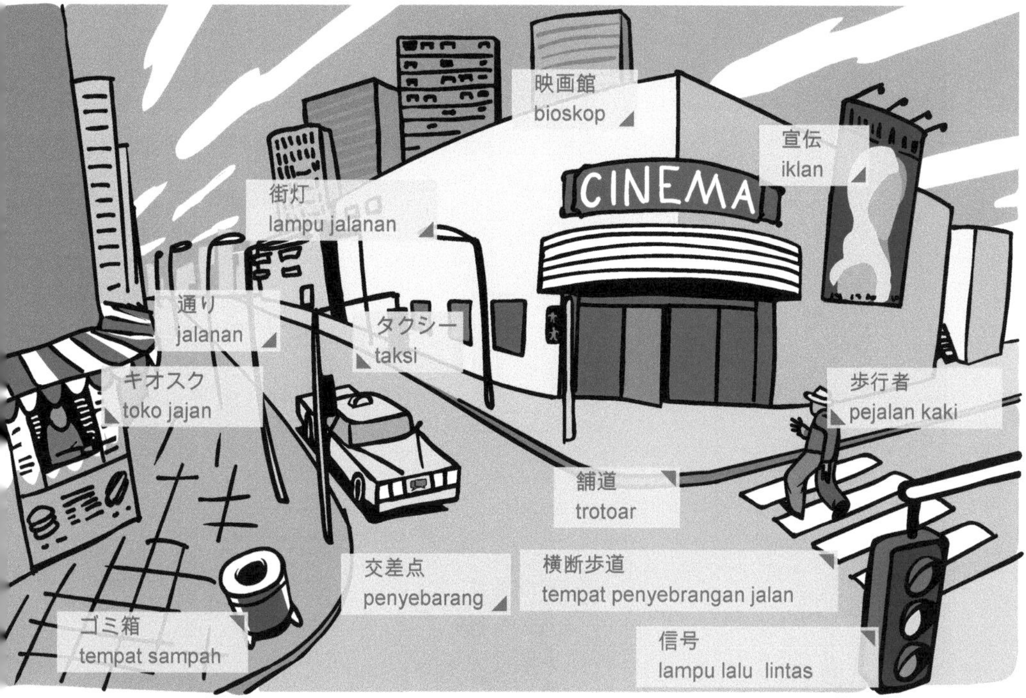

映画館
bioskop
宣伝
iklan
CINEMA
街灯
lampu jalanan
通り
jalanan
タクシー
taksi
キオスク
toko jajan
歩行者
pejalan kaki
舗道
trotoar
交差点
penyebarang
横断歩道
tempat penyebrangan jalan
ゴミ箱
tempat sampah
信号
lampu lalu lintas

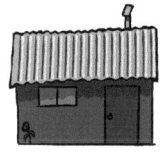

小屋

gubuk

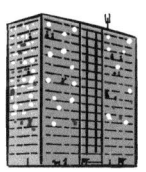

アパート

rumah flat

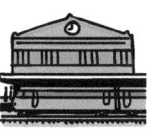

駅

stasiun kereta

市役所

balai kota

MUSEUM

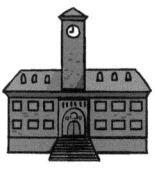

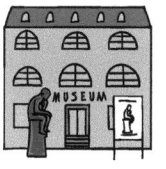

美術館

museum

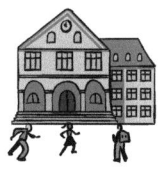

学校

sekolah

大学
universitas

銀行
bank

病院
rumah sakit

ホテル
hotel

薬局
farmasi

オフィス
kantor

書店
toko buku

ショップ
toko

花屋
toko bunga

スーパーマーケット
supermarket

市場
pasar

デパート
toko serba ada

魚屋
nelayan

ショッピングセンター
pusat belanja

港
pelabuhan

公園

taman

ベンチ

banku

橋

jembatan

階段

tangga

地下鉄

kereta bawah tanah

トンネル

terowongan

バス停

pemberhantian bis

バー

bar

レストラン

restauran

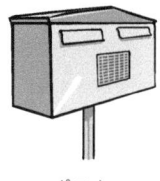

ポスト

kotak surat

道路標識

tanda jalan

パーキングメーター

meteran parkir

動物園

kebun binatang

スイミングプール

kolam renang

モスク

mesjid

農場

pertanian

汚染

polusi

墓地

kuburan

教会

gereja

遊び場

tempat bermain

寺

pura

風景

pemandangan

葉
daun

道標
penunjuk arah

道
jalanan

草地
padang rumput

石
batu

木
pohon

ハイカー
pejalak kaki

川
sungai

草
rumput

花
bunga

谷
lembah

山
bukit

湖
danau

森
hutan

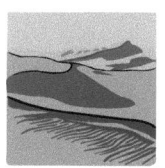

砂漠
padang gurun

火山
gunung berapi

城
istana

虹
pelangi

キノコ
jamur

ヤシの木
pohon palem

蚊
nyamuk

ハエ
lalat

蟻
semut

ミツバチ
lebah

クモ
laba-laba

風景 - pemandangan

カブトムシ

kumbang

蛙

kodok

リス

tupai

ハリネズミ

landak

ウサギ

kelinci

フクロウ

burung hantu

鳥

burung

白鳥

angsa

雄豚

babi jantan

鹿

rusa

ヘラジカ

rusa

ダム

bendungan

風力タービン

turbin angin

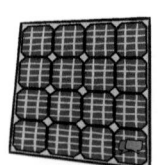

ソーラーパネル

panel surya

気候

iklim

レストラン
restauran

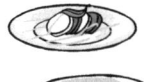

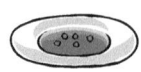

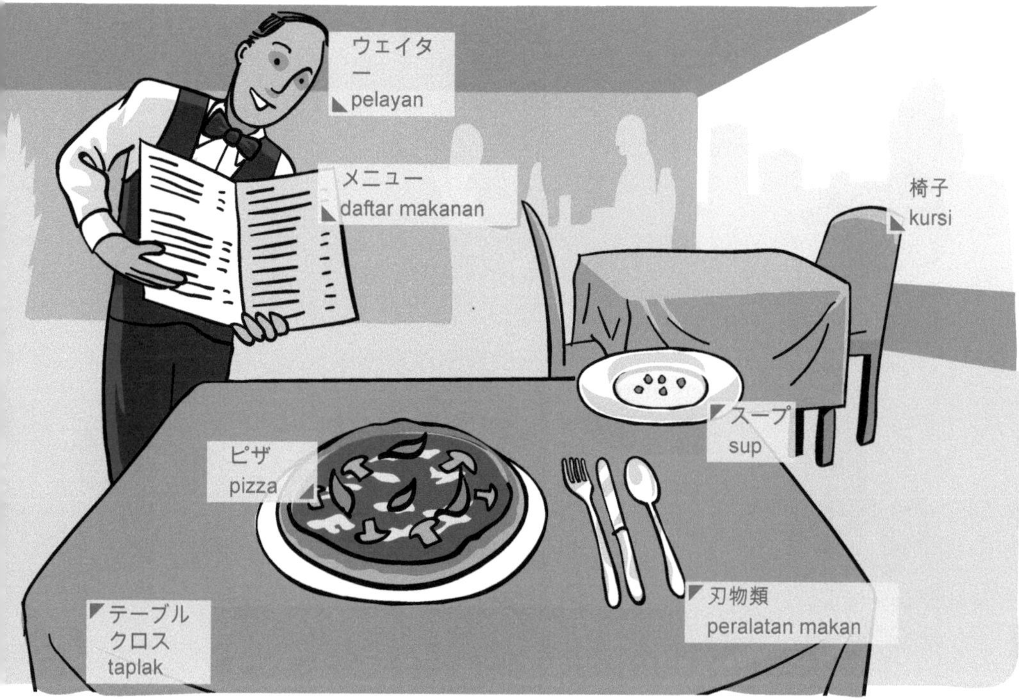

ウェイター
pelayan
メニュー
daftar makanan
椅子
kursi
スープ
sup
ピザ
pizza
刃物類
peralatan makan
テーブルクロス
taplak

前菜
hindangan pembuka

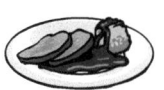

メインコース
hidangan utama

デザート
hidangan penutup

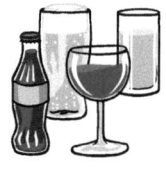

飲み物
minuman

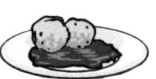

食べ物
makanan

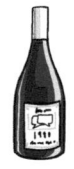

ボトル
botol

ファストフード

fastfood

屋台の食べ物

masakan jalanan

ティーポット

teko teh

砂糖入れ

kaleng gula

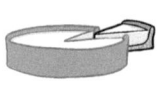

一人前

porsi

エスプレッソマシン

mesin espresso

幼児用食事椅子

kursi tinggi

請求書

tagihan

トレー

baki

ナイフ

pisau

フォーク

garpu

スプーン

sendok

ティースプーン

sendok teh

ナプキン

serbet

グラス

gelas

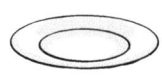

皿
....
piring

スープ皿
....
piring sup

受け皿
....
lepek

ソース
....
saus

塩入れ
....
tempat garam

ペッパーミル
....
gilingan merica

酢
....
cuka

油
....
minyak

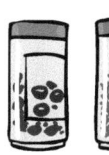

スパイス
....
bumbu

ケチャップ
....
saus tomat

マスタード
....
mustar

マヨネーズ
....
mayones

スーパーマーケット

supermarket

特価品
penawaran khusus
FOR
顧客
klien
乳製品
produk susu
果物
buah
ショッピング
・カート
troli

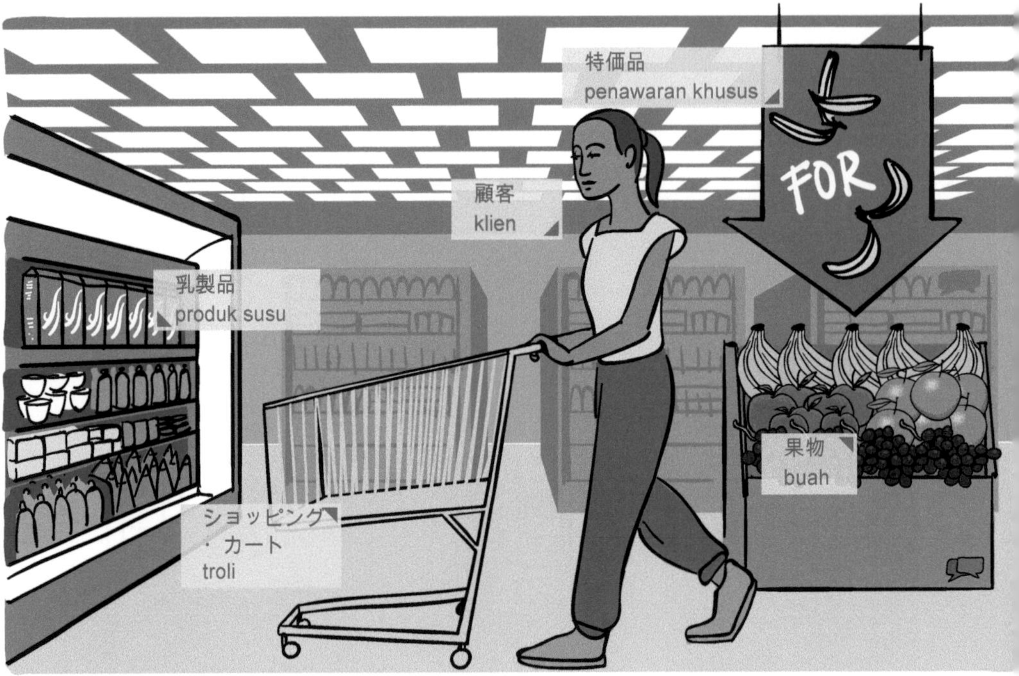

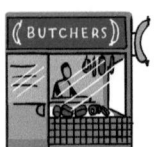

BUTCHERS

肉屋

pembantai

BAKERY

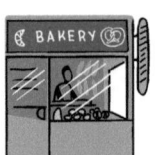

パン屋

toko roti

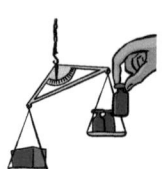

重さをはかる

menimbang

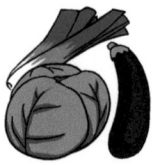

野菜

sayur

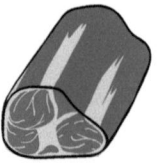

肉

daging

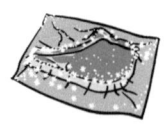

冷凍食品

makanan beku

冷肉の薄切り

pemotongan dingin

缶詰食品

makanan kaleng

洗剤

sabun serbuk

菓子

permen

家庭用品

alat-alat rumah tangga

清掃用品

obat pembersihan

販売員

penjual

現金箱

kasa

レジ係

kasir

買い物リスト

daftar belanja

開館時刻

jam buka

財布

dompet

クレジットカード

kartu kredit

バッグ

tas

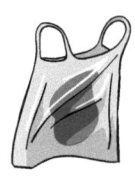

ポリ袋

kantong plastik

スーパーマーケット - supermarket

水

air

ジュース

jus

牛乳

susu

コーラ

cola

ワイン

anggur

ビール

bir

アルコール

alkohol

ココア

coklat

紅茶

teh

コーヒー

kopi

エスプレッソ

espresso

カプチーノ

cappucino

バナナ

pisang

リンゴ

apel

オレンジ

jeruk

メロン

semangka

レモン

jeruk lemon

ニンジン

wortel

ニンニク

bawang putih

竹

bambu

玉ねぎ

bawang bombai

キノコ

jamur

ナッツ

kacang

ヌードル

mi

スパゲッティ

spagetti

米

nasi

サラダ

salat

フライドポテト

kentang goreng

フライドポテト

kentang goreng

ピザ

pizza

ハンバーガー

hamburger

サンドウィッチ

sandwich

カツレツ

sayatan

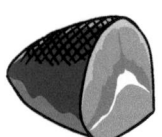

ハム

ham

サラミ

salami

ソーセージ

sosis

鶏肉

ayam

焼き

menggoreng

魚

ikan

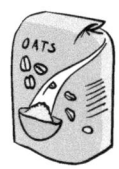

麦のお粥

bubur gandum

ムーズリ

sereal

コーンフレーク

cornflakes

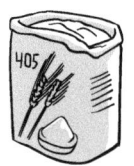

小麦粉

tepung

クロワッサン

croissant

ロールパン

roti

パン

roti

トースト

toast

ビスケット

biskuit

バター

mentega

カッテージチーズ

dadih

ケーキ

kue

卵

telur

目玉焼き

telur goreng

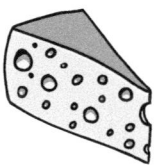

チーズ

keju

食べ物 - makanan

アイスクリーム

eskrim

砂糖

gula

はちみつ

madu

ジャム

selai

ヌガークリーム

krim nugat

カレー

kare

農場

pertanian

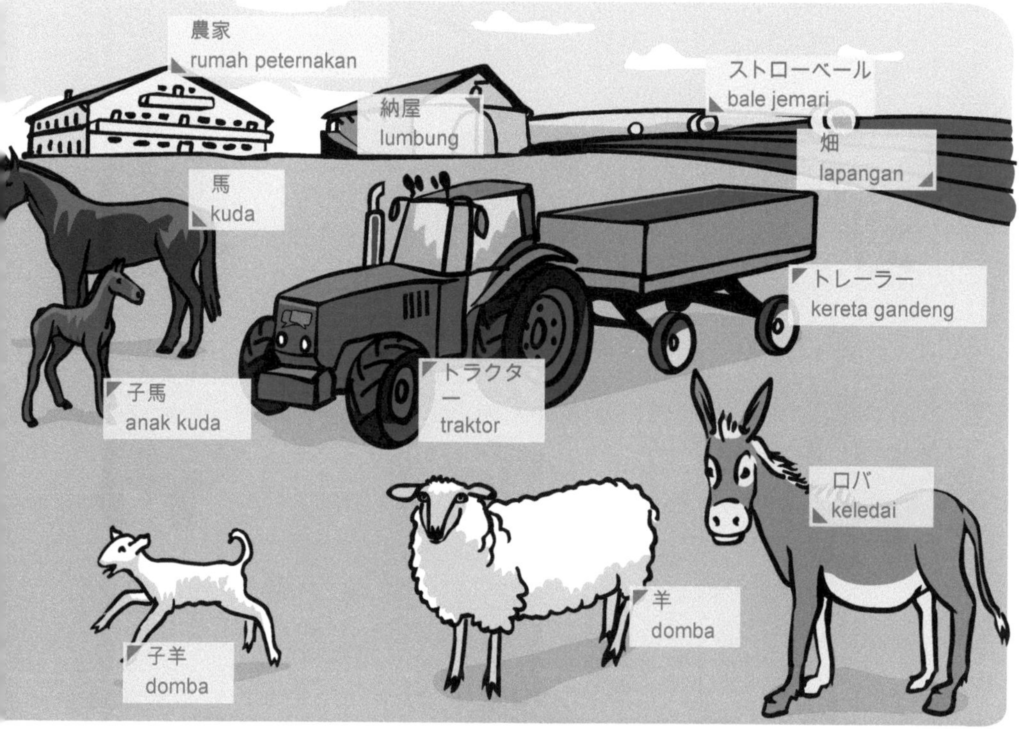
農家
rumah peternakan
ストローベール
bale jemari
納屋
lumbung
畑
lapangan
馬
kuda
トレーラー
kereta gandeng
トラクター
traktor
子馬
anak kuda
ロバ
keledai
羊
domba
子羊
domba

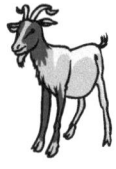

ヤギ

kambing

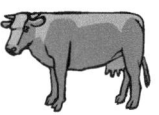

雌牛

sapi

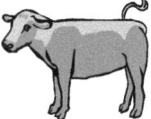

子牛

betis

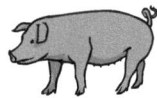

豚

babi

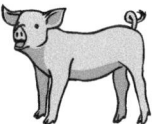

子豚

celeng

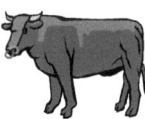

雄牛

banteng

ガチョウ

angsa

アヒル

bebek

ひよこ

anak ayam

にわとり

ayam

おんどり

ayam jantan

ネズミ

tikus

猫

kucing

ねずみ

tikus

雄牛

lembu

犬

anjing

犬小屋

rumah anjing

散水ホース

selang

じょうろ

penyiram

大鎌

sabit

すき

bajak

草刈り鎌

sabit

くわ

cangkul

堆肥用フォーク

garpu rumput

斧

kapak

手押し車

gerobak

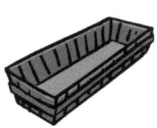

かいばおけ

palung

牛乳缶

kaleng susu

袋

karung

フェンス

pagar

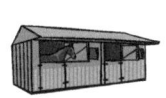

畜舎

kandang

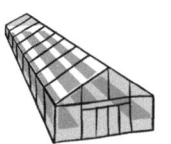

温室

rumah kaca

土壌

tanah

種

benih

肥料

pupuk

コンバイン

mesin pemanen

収穫する

panen

収穫

panen

ヤマイモ

yams

小麦

gandum

大豆

kedelai

じゃがいも

kentang

トウモロコシ

jagung

菜種

lobak

果樹

pohon buah

キャッサバ

singkong

穀物

sereal

家
rumah

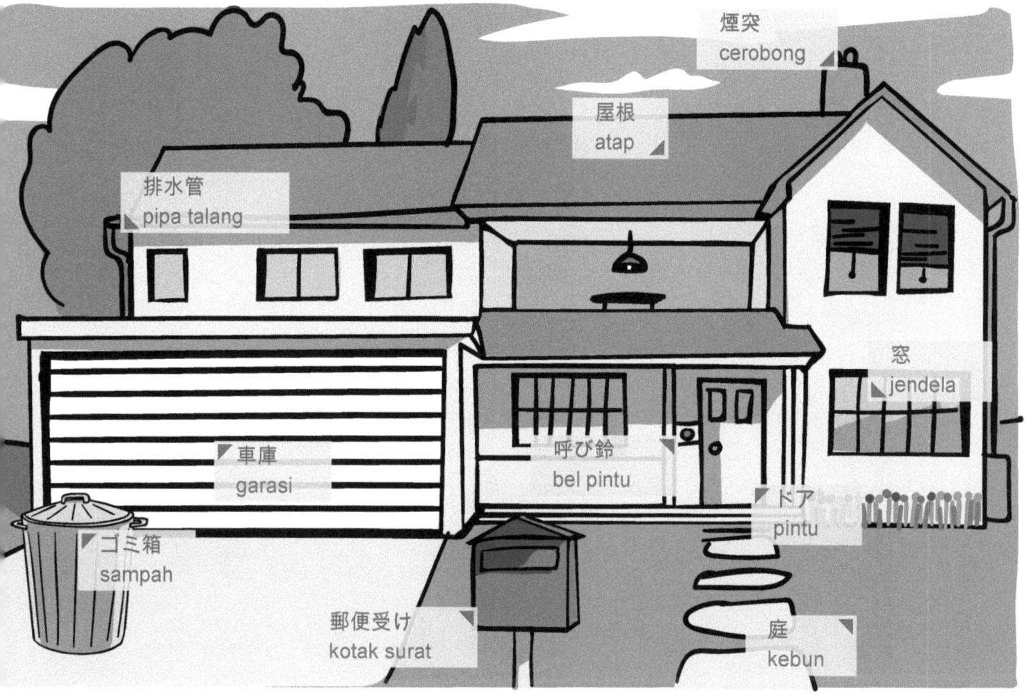

煙突
cerobong
屋根
atap
排水管
pipa talang
窓
jendela
車庫
garasi
呼び鈴
bel pintu
ドア
pintu
ゴミ箱
sampah
郵便受け
kotak surat
庭
kebun

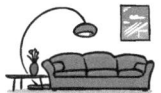

リビングルーム

ruang tamu

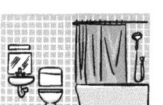

浴室

kamar mandi

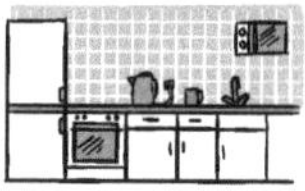

台所

dapur

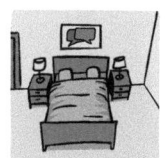

寝室

kamar tidur

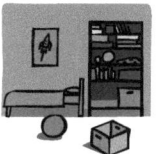

子供部屋

kamar anak

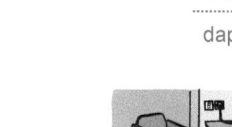

ダイニング・ルーム

kamar makan

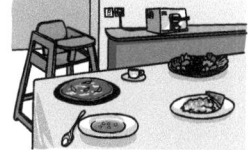

床
lantai

壁
tembok

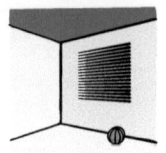

天井
atap

地下貯蔵庫
gudang di bawah tanah

サウナ
sauna

バルコニー
balkon

テラス
teras

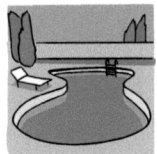

プール
kolam renang

芝刈り機
mesin pemotong rumput

シーツ
sprei

ベッドカバー
selimut

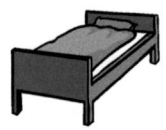

ベッド
tempat tidur

ほうき
sapu

バケツ
ember

スイッチ
tombol

リビングルーム
ruang tamu

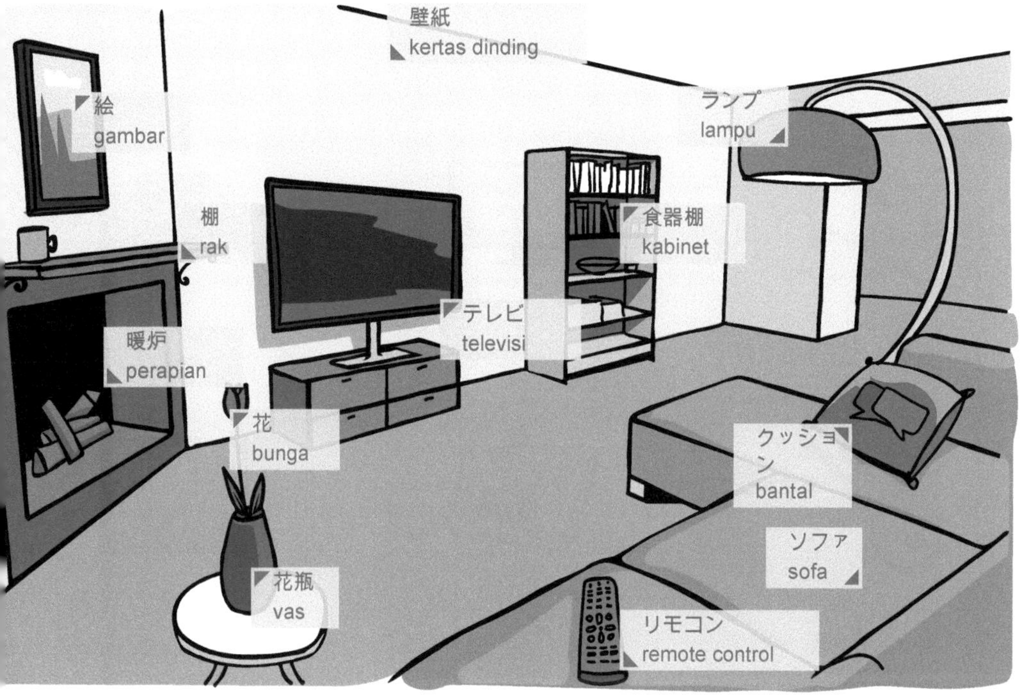

壁紙
kertas dinding
絵
gambar
ランプ
lampu
棚
rak
食器棚
kabinet
テレビ
televisi
暖炉
perapian
花
bunga
クッション
bantal
ソファ
sofa
花瓶
vas
リモコン
remote control

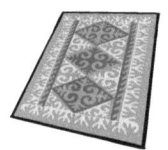

カーペット
karpet

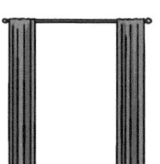

カーテン
korden

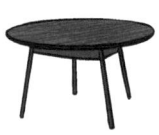

テーブル
meja

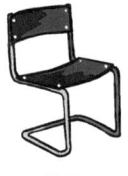

椅子
kursi

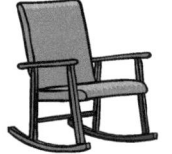

ロッキングチェア
kursi goyang

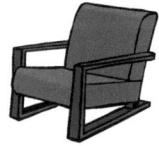

ひじ掛け椅子
kursi malas

本

buku

毛布

selimut

飾り

dekorasi

たきぎ

kayu bakar

映画

filem

ステレオ

hi-fi

鍵

kunci

新聞

koran

絵画

lukisan

ポスター

poster

ラジオ

radio

メモ帳

buku tulis

掃除機

penyedot debu

サボテン

kaktus

ろうそく

lilin

台所
dapur

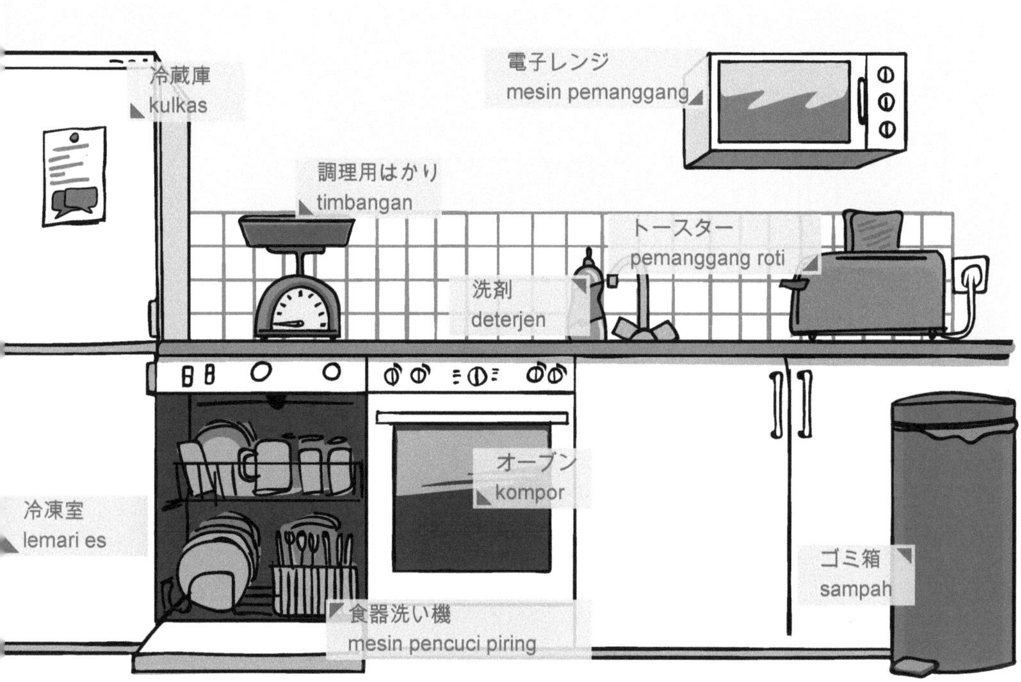
冷蔵庫
kulkas
電子レンジ
mesin pemanggang
調理用はかり
timbangan
トースター
pemanggang roti
洗剤
deterjen
オーブン
kompor
冷凍室
lemari es
ゴミ箱
sampah
食器洗い機
mesin pencuci piring

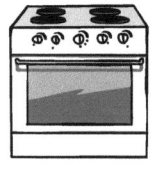

こんろ
kompor

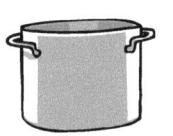

鍋
panci

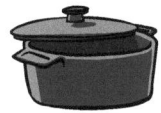

鉄鍋
panci besi

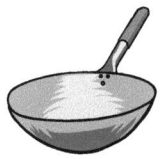

中華鍋/ カダイ鍋
wajan

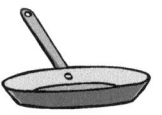

フライパン
panci

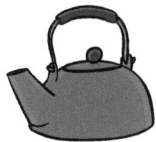

やかん
pemanas air

蒸し器

panci pengukus makanan

天板

nampan

食器

piring

マグカップ

cangkir

ボウル

mangkok

箸

sumpit

おたま

sendok sup

へら

sudip

泡立て器

mengocok

こし器

saringan

ふるい

saringan

すりおろし器

parutan

すり鉢

mortir

バーベキュー

barbeque

かまど

api terbuka

まな板

papan memotong

麺棒

gilingan

栓抜き

alat pembuka botol

缶

kaleng

缶切り

pembuka kaleng

鍋つかみ

pegangan panci

流し

wastafel

ブラシ

sikat

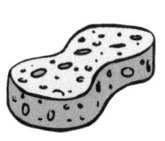

スポンジ

busa

ミキサー

mesin pencampur

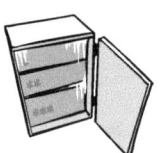

冷凍庫

lemari es

哺乳瓶

botol bayi

蛇口

keran

浴室

kamar mandi

シャワー
mandi
ヒーター
mesin pemanas
タオル
handuk
シャワーカーテン
tirai kamar mandi
泡風呂
mandi busa
浴槽
bak mandi
グラス
gelas
洗濯機
mesin cuci
蛇口
keran
タイル
ubin
おまる
pispot
流し
wastafel

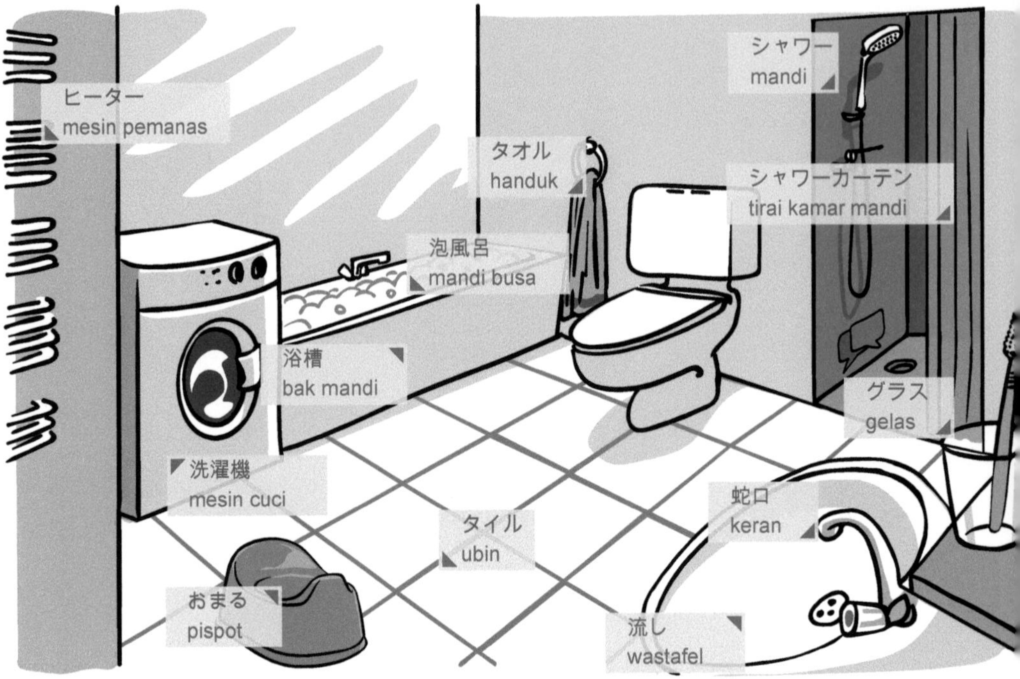

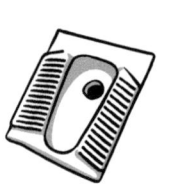

トイレ
toilet

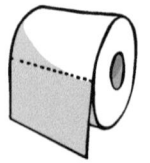

和式トイレ
toilet jongkok

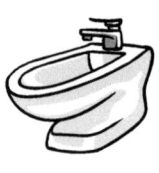

ビデ
bidet

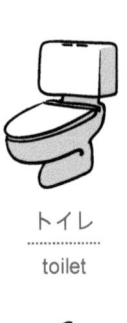

小便器
pissoir

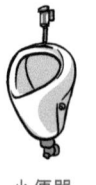

トイレットペーパー
kertas toilet

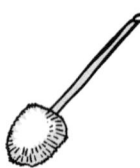

トイレブラシ
sikat toilet

歯ブラシ

sikat gigi

歯みがき

pasta gigi

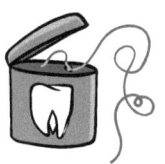

デンタルフロス

benang gigi

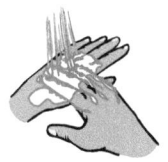

洗う

menyuci

シャワーヘッド

pancuran tangan

ハンドビデ

pancuran

洗面台

bak

ボディブラシ

sikat punggung

石鹸

sabun

シャワー用ジェル

gel mandi

シャンプー

sampo

浴用タオル

planel

排水口

kuras

クリーム

krim

消臭

deodoran

鏡

kaca

手鏡

cermin tangan

かみそり

pisau cukur

シェービング・フォーム

busa cukur

アフターシェーブローショ
ン

aftershave

櫛

sisir

ブラシ

sikat

ドライヤー

alat pengering rambut

ヘアスプレー

semprot rambut

化粧

makeup

口紅

lipstik

マニキュア

cat kuku

脱脂綿

kapas

爪切り

gunting kuku

香水

minyak wangi

洗面用具入れ

kantong pencuci

スツール

bangku

体重計

timbangan

バスローブ

mantel mandi

ゴム手袋

sarung tangan karet

タンポン

tampon

生理用ナプキン

handuk pembalut

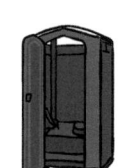

ケミカルトイレ

toilet kimia

子供部屋

kamar anak

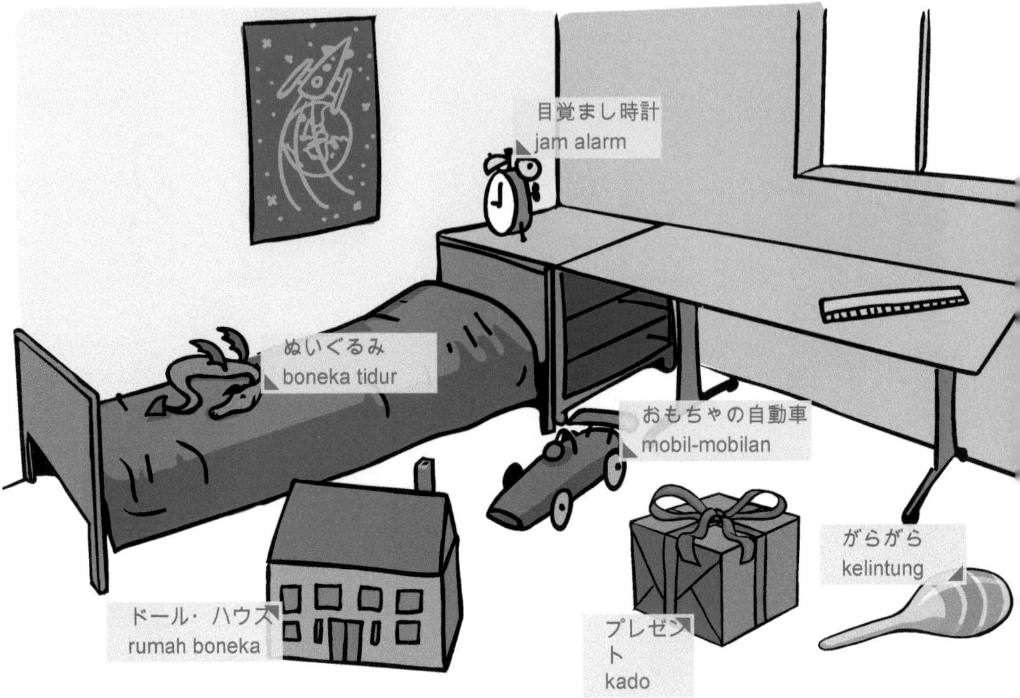

目覚まし時計
jam alarm
ぬいぐるみ
boneka tidur
おもちゃの自動車
mobil-mobilan
がらがら
kelintung
ドール・ハウス
rumah boneka
プレゼント
kado

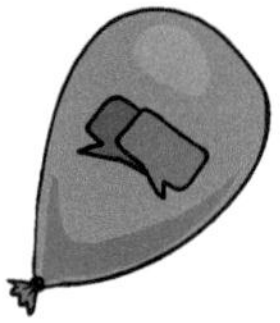

風船

balon

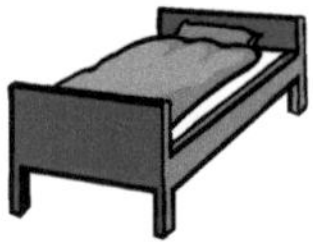

ベッド

tempat tidur

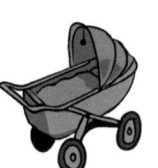

ベビーカー

kereta bayi

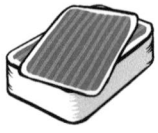

カードゲーム

mainan kartu

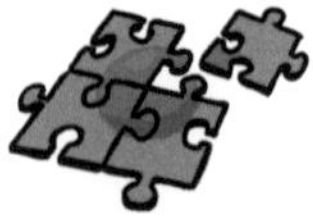

ジグソーパズル

teka-teki

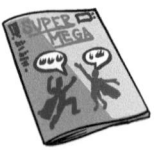

漫画

komik

レゴ

mainan lego

玩具ブロック

blok mainan

アクションフィギュア

figur aksi

ロンパース

baju monyet

フリスビー

frisbee

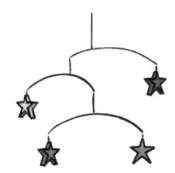

モバイル

mobile

ボードゲーム

permainan papan

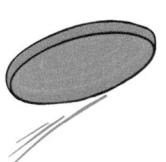

さいころ

dadu

鉄道模型

set model kreta api

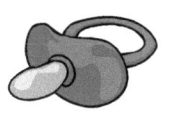

おしゃぶり

dot

パーティー

pesta

絵本

buku gambar

ボール

bola

人形

boneka

遊ぶ

bermain

砂場

tempat main pasir

ブランコ

ayunan

おもちゃ

mainan

ゲーム機

video game konsol

三輪車

sepeda roda tiga

テディベア

teddy

衣装ダンス

lemari pakaian

衣服

pakaian

靴下

kaos kaki

ストッキング

kaos kaki

タイツ

baju ketat

スカーフ
syal

ベルト
sabuk

雨傘
payung

Tシャツ
kaos

スニーカー
sepatu

ブーツ
sepatu bot

スリッパ
sandal

サンダル
sandal

靴
sepatu

ゴム長靴
sepatu bot karet

パンツ
celana dalam

ブラ
BH

ベスト
baju rompi

ボディースーツ

body

ズボン

celana

ジーンズ

jeans

スカート

rok

ブラウス

blus

シャツ

kemeja

セーター

aket berkerudung

パーカー

sweater

ブレザー

jaket

ジャケット

jaket

コート

mantel

レインコート

jas hujan

服装

kostum

ドレス

gaun

ウェディングドレス

gaun pengantin

スーツ

setelan resmi

ナイトガウン

gaun tidur

パジャマ

piyama

サリー

sari

ヘッドスカーフ

jilbab

ターバン

turban

ブルカ

burka

カフタン

kaftan

アバヤ

abaya

水着

pakaian renang

トランクス

celana renang

半ズボン

celana pendek

スウェットスーツ

olah raga

エプロン

celemek

手袋

sarung tangan

ボタン

kancing

メガネ

kacamata

ブレスレット

gelang

ネックレス

kalung

指輪

cincin

イヤリング

anting

帽子

topi

ハンガー

gantungan mantel

帽子

topi

ネクタイ

dasi

ファスナー

ritsleting

ヘルメット

helm

サスペンダー

tali selempang

制服

seragam sekolah

ユニフォーム

seragam

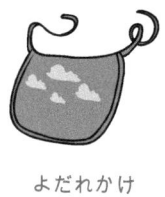

よだれかけ

oto

おしゃぶり

dot

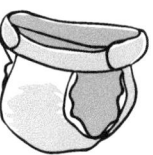

おむつ

popok

オフィス
kantor

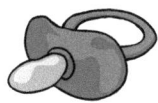

サーバ
server
書類キャビネット
lemari arsip
紙
kertas
プリンター
pencetak
モニター
layar
マウス
mouse komputer
事務机
meja kerja
フォルダー
tempat pengarsipan
キーボード
papan tombol
椅子
kursi
ごみ箱
tempat sampah
コンピューター
computer

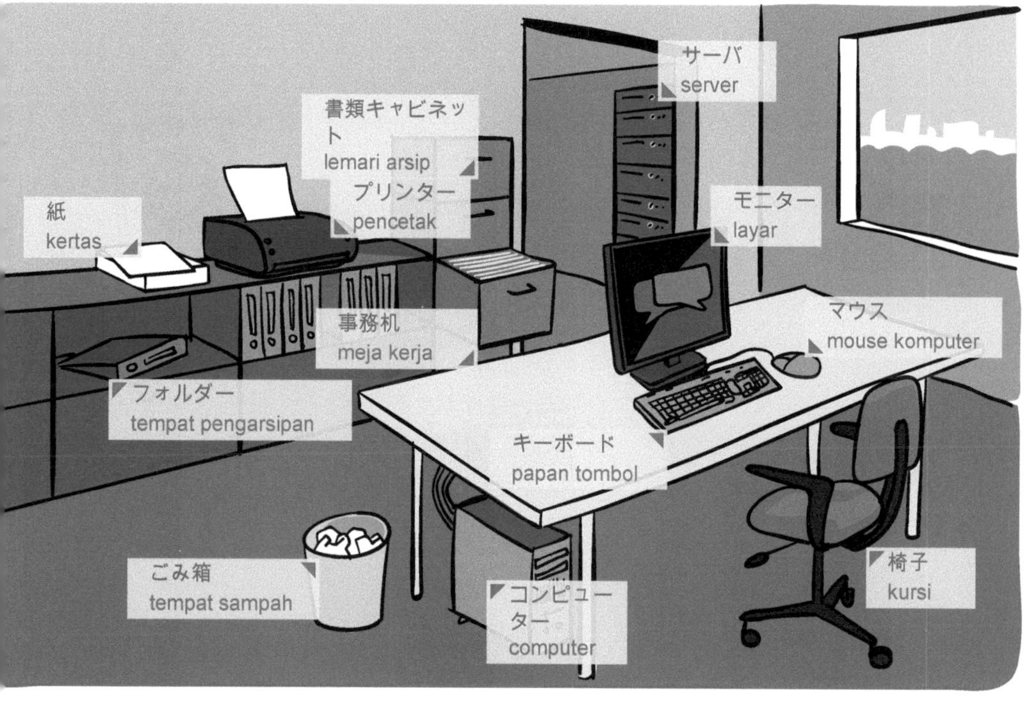

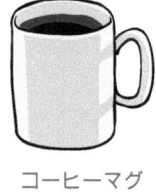

コーヒーマグ

cangkir kopi

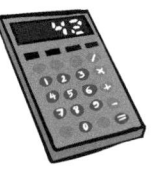

計算機

kalkulator

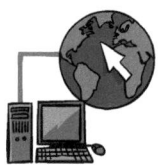

インターネット

internet

ラップトップ
laptop

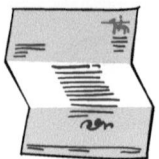

手紙
surat

メッセージ
pesan

携帯電話
telepon seluler

ネットワーク
jaringan

コピー機
fotokopi

ソフトウェア
software

電話
telepon

コンセント
plug soket

ファックス
mesin fax

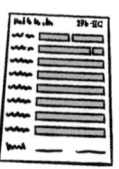

フォーム
formulir

書類
dokumen

買う

membeli

支払う

membayar

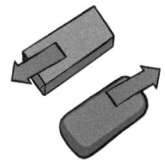

取引する

berdagang

お金

uang

ドル

Dollar

EUR

ユーロ

Euro

JPY

円

Yen

ルーブル

Rubel

スイスフラン

Franc Swiss

人民元

Renminbi Yuan

ルピー

Rupiah

キャッシュポイント

ATM

両替所

kantor pertukaran mata uang

金

emas

銀

perak

油

minyak

エネルギー

energi

価格

harga

契約

kontrak

税金

pajak

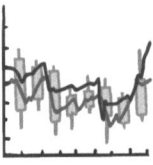

株

saham

働く

bekerja

従業員

karyawan

雇用主

majikan

工場

pabrik

ショップ

toko

警察官
petugas polisi

消防士
pemadam kebakaran

コック
pemasak

医師
dokter

パイロット
pilot

庭師
tukan kebun

大工
tukang kayu

お針子
penjahit wanita

裁判官
hakim

化学者
ahli kimia

俳優
aktor

バスの運転手

sopir bis

タクシー運転手

sopir taksi

漁師

nelayan

掃除婦

pembantu

屋根ふき職人

tukang atap

ウェイター

pelayan

ハンター

pemburu

塗装工

pelukis

パン屋

tukang roti

電気工

tukang listrik

建設作業員

pembangun

エンジニア

insinyur

肉屋

tukang daging

配管工

tukang ledeng

郵便配達人

tukang pos

軍人

tentara

建築家

arsitek

レジ係

kasir

花屋

penjual bunga

美容師

penata rambut

車掌

konduktor

機械工

montir

キャプテン

kapten

歯科医

dokter gigi

科学者

ilmuwan

ラビ

rabbi

イスラム導師

imam

修道士

biarawan

牧師

pendeta

道具

alat

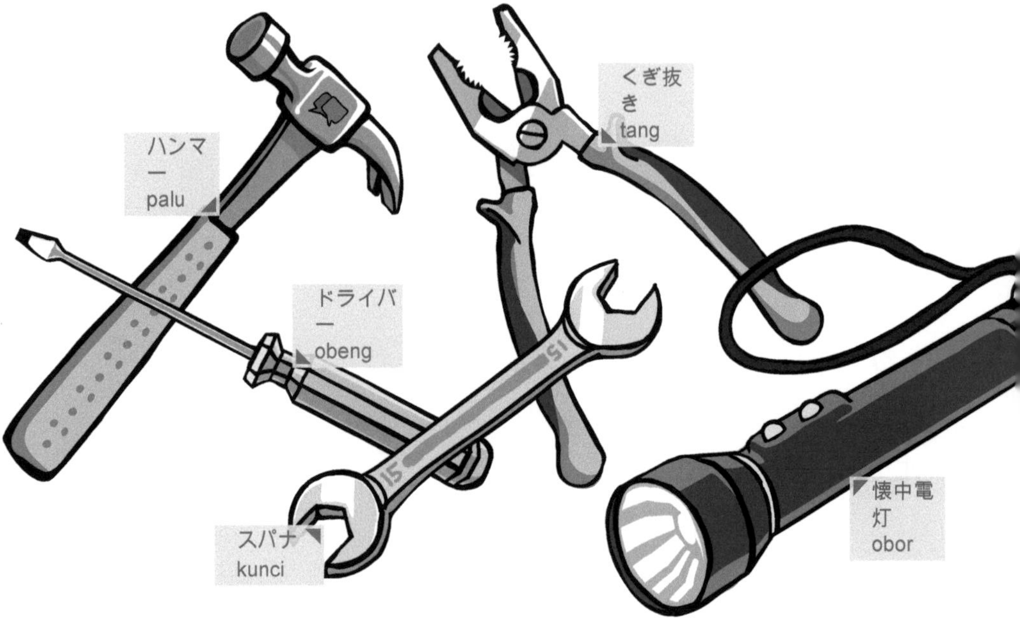
ハンマー
palu
くぎ抜き
tang
ドライバー
obeng
スパナ
kunci
懐中電灯
obor

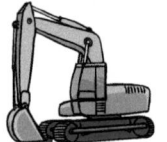

掘削機

penggali

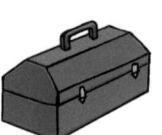

道具箱

tas perkakas

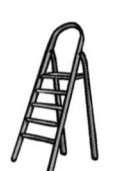

はしご

tangga

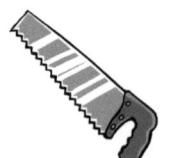

のこぎり

gergaji

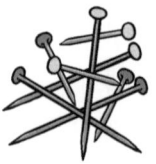

釘

paku

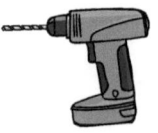

ドリル

bor

修理する
perbaikan

シャベル
sekop

クソ！
Sialan!

ちりとり
cikrak

ペンキ缶
pot cat

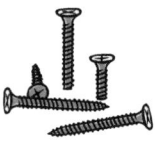

ネジ
sekrup

楽器
alat musik

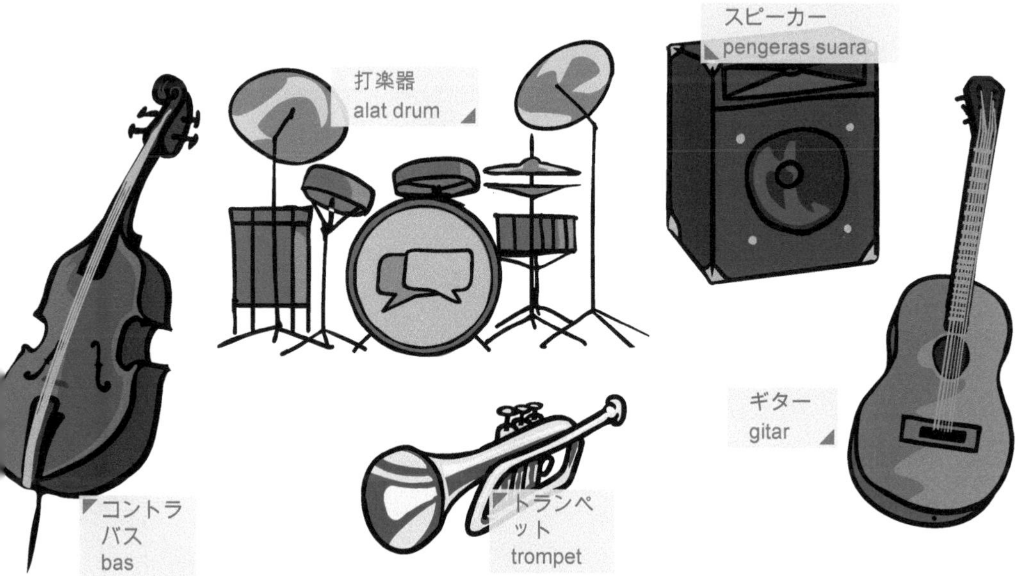

打楽器
alat drum

スピーカー
pengeras suara

ギター
gitar

コントラ
バス
bas

トランペ
ット
trompet

ピアノ

piano

バイオリン

violin

バス

bass

ティンパニ

tambur

ドラム

drum

キーボード

keyboard

サックス

saksofon

フルート

suling

マイクロフォン

mikrofon

動物園
kebun binatang

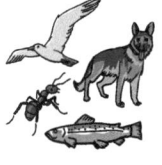

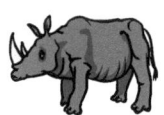

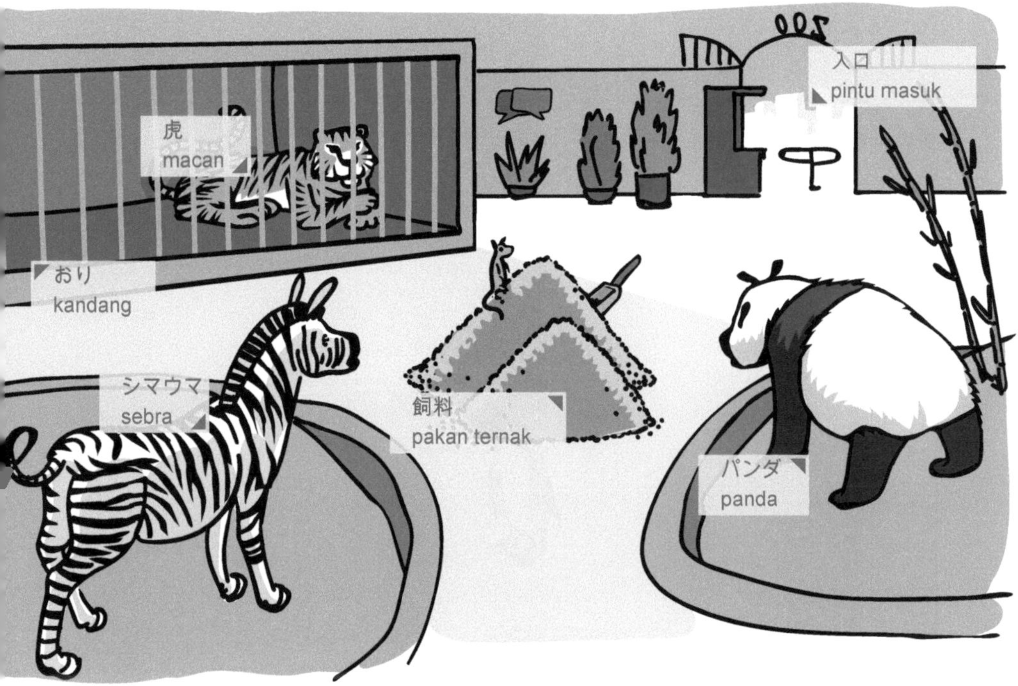
虎
macan
入口
pintu masuk
おり
kandang
シマウマ
sebra
飼料
pakan ternak
パンダ
panda

動物

hewan

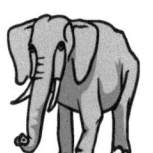

象

gajah

カンガルー

kanguru

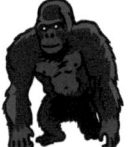

サイ

badak

ゴリラ

gorila

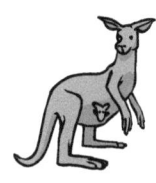

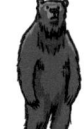

熊

beruang

ラクダ

unta

ダチョウ

burung unta

ライオン

singa

猿

monyet

フラミンゴ

flamingo

オウム

burung beo

白クマ

beruang polar

ペンギン

penguin

サメ

hiu

クジャク

merak

蛇

ular

ワニ

buaya

飼育係

penjaga kebun binatang

アザラシ

segel

ジャガー

jaguar

ポニー

kuda poni

ヒョウ

macan tutul

カバ

kuda nil

キリン

jerapah

鷲

burung elang

雄豚

babi jantan

魚

ikan

亀

kura-kura

セイウチ

anjing laut

狐

rubah

ガゼル

kijang

アメフト
american football

サイクリング
naik sepeda

テニス
tennis

バスケットボール
basketbal

水泳
bernang

ボクシング
tinju

アイスホッケー
hoki es

サッカー
sepak bola

バドミントン
badminton

陸上競技
atletik

ハンドボール
bola tangan

スキー
main ski

ポロ
polo

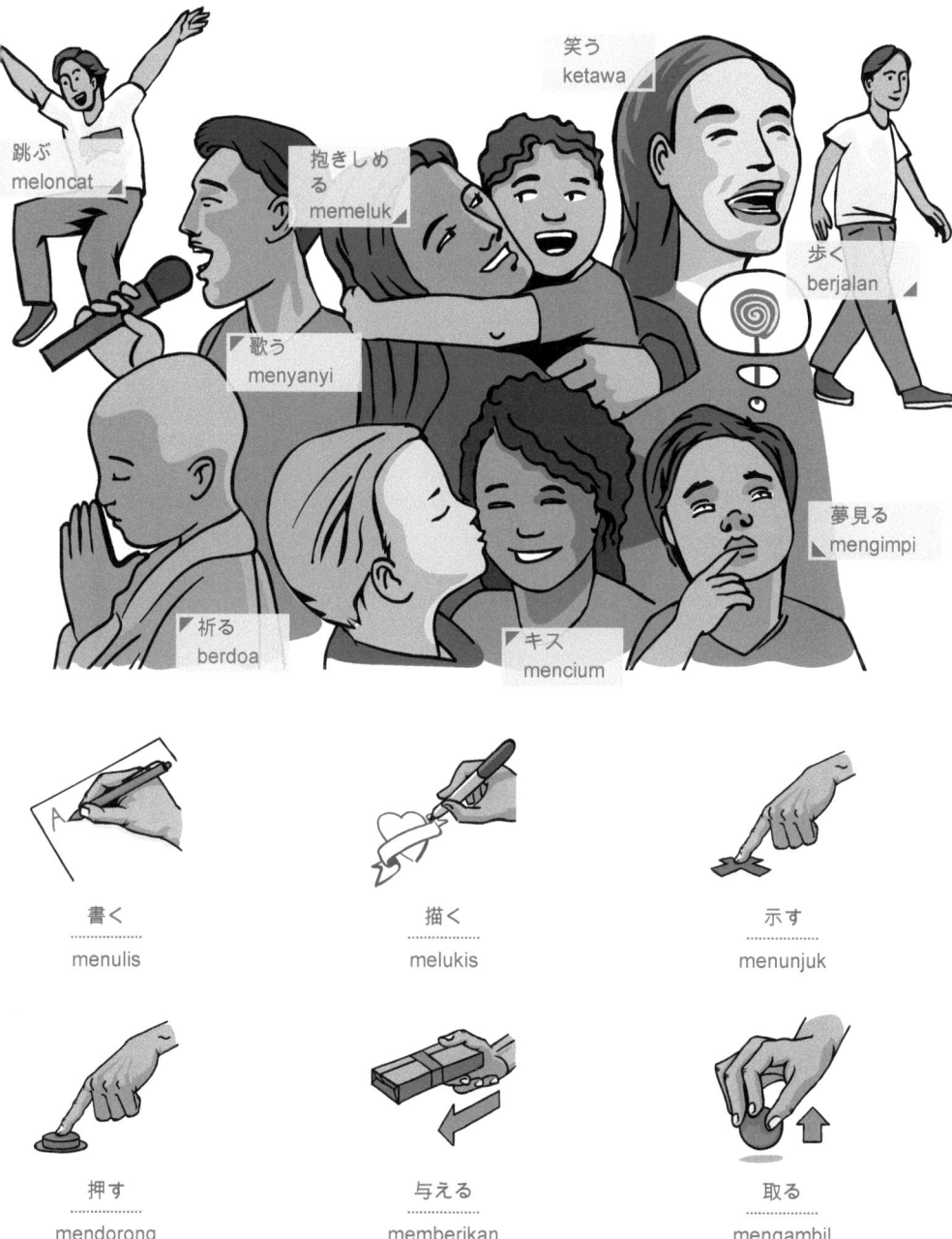

跳ぶ
meloncat

笑う
ketawa

抱きしめる
memeluk

歩く
berjalan

歌う
menyanyi

祈る
berdoa

キス
mencium

夢見る
mengimpi

書く
menulis

描く
melukis

示す
menunjuk

押す
mendorong

与える
memberikan

取る
mengambil

持っている

mempunyai

する

melakukan

ある

adalah

立つ

berdiri

走る

berlari

引く

menarik

投げる

melempar

落ちる

jatuh

横たわっている

tidur

待つ

menunggu

運ぶ

membawa

座る

duduk

着る

berpakaian

眠る

tidur

目が覚める

bangun

見る
melihat

泣く
menangis

なでる
mengelus

櫛ですく
menyisir

話す
berbicara

理解する
mengerti

質問する
menanyak

聞く
mendengar

飲む
minum

食べる
makan

片づける
merapikan

愛する
cinta

料理する
memasak

運転する
menyetir

飛ぶ
terbang

ヨットに乗る

berlayar

計算する

menghitung

読む

membaca

学ぶ

belajar

働く

bekerja

結婚する

menikah

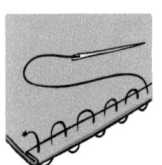

縫う

menjahit

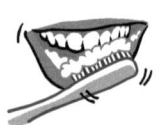

歯を磨く

sikat gigi

殺す

membunuh

喫煙する

merokok

送る

kirim

家族

keluarga

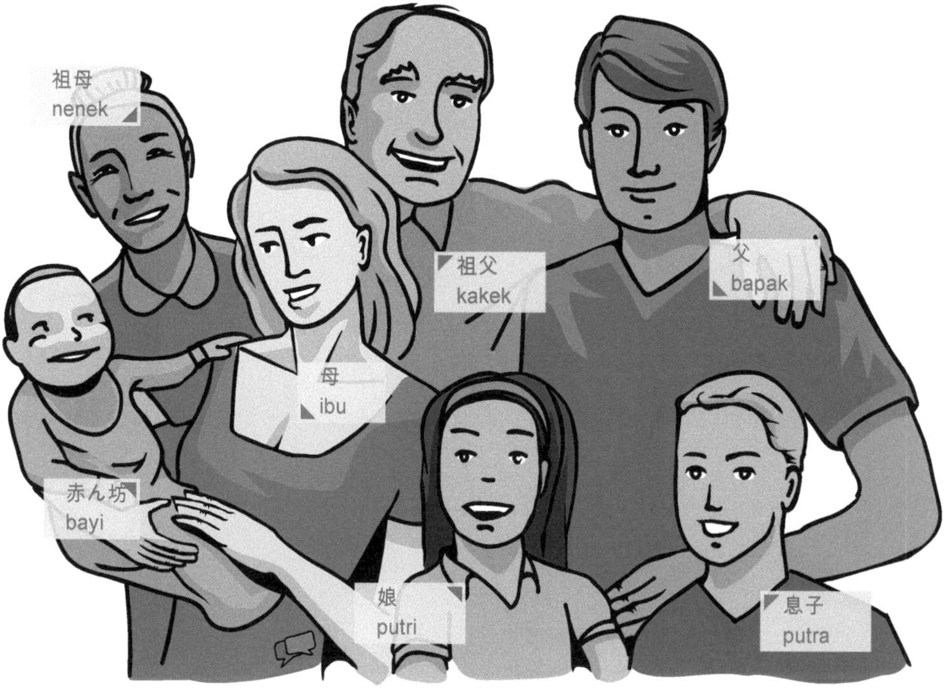

祖母
nenek
祖父
kakek
父
bapak
母
ibu
赤ん坊
bayi
娘
putri
息子
putra

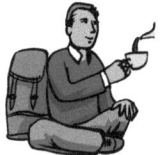

お客様

tamu

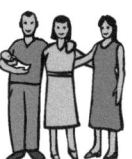

おば

bibi

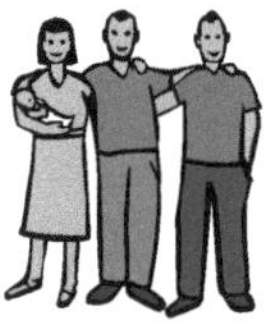

おじ

paman

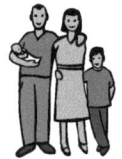

兄弟

kakak laki

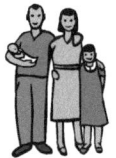

姉妹

kakak perempuan

体
badan

ひたい
dahi
目
mata
肩
bahu
指
jari
顔
muka
あご
dagu
手
tangan
脚
kaki
胸
payudara
腕
lengan

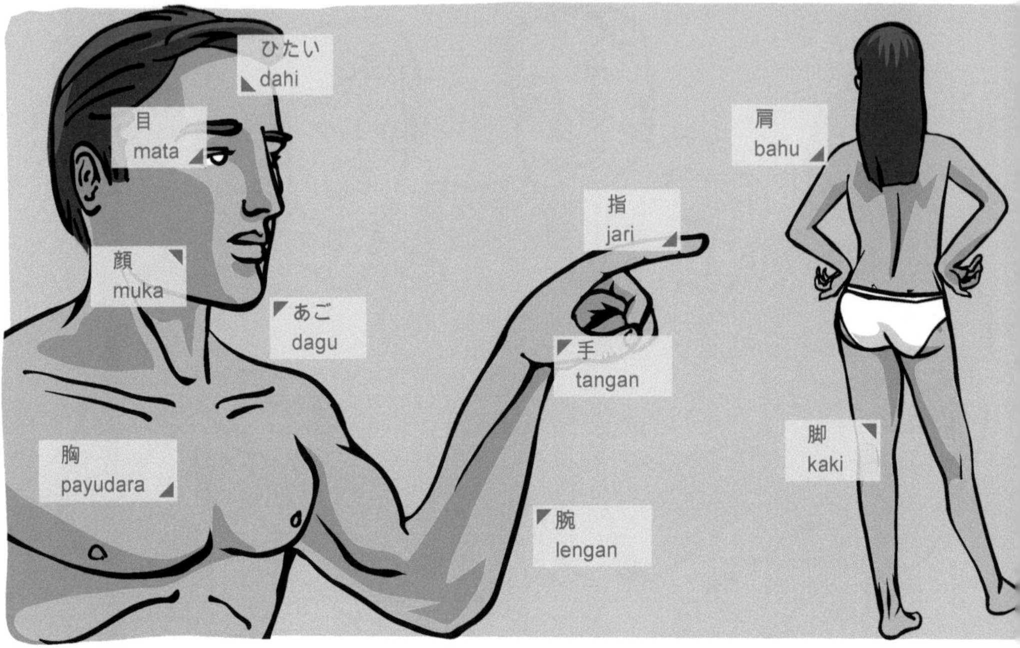

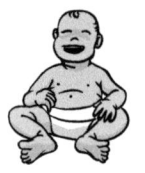

赤ん坊
bayi

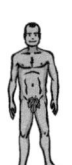

男性
pria

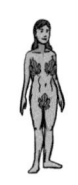

女性
wanita

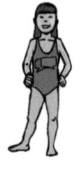

少女
perempuan

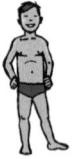

少年
laki

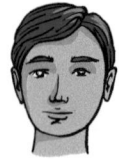

頭
kepala

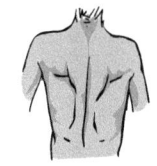

背中

punggung

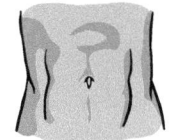

腹

perut

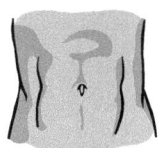

へそ

pusar

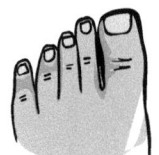

足指

toe

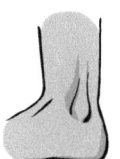

かかと

tumit

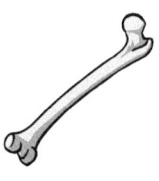

骨

tulang

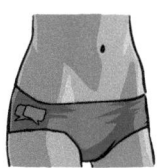

腰

pinggang

ひざ

lutut

ひじ

siku

鼻

hidung

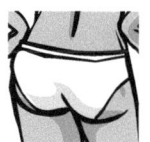

尻

pantat

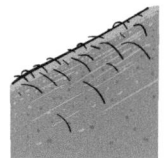

皮膚

kulit

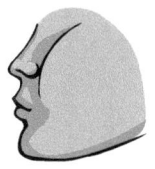

頬

pipi

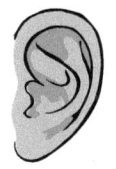

耳

telinga

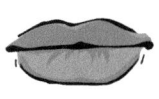

唇

bibir

口
mulut

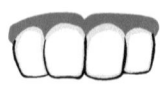

歯
gigi

舌
lidah

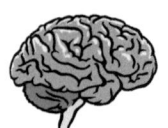

脳
otak

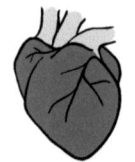

心臓
jantung

筋肉
otot

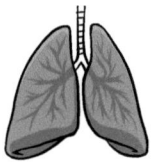

肺
paru-paru

肝臓
hati

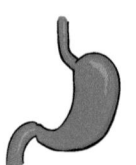

胃
stomach

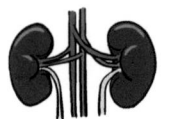

腎臓
ginjal

セックス
hubungan seks

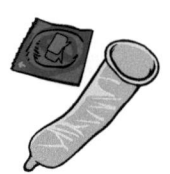

コンドーム
kondom

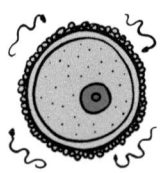

卵細胞
sel telur

精液
sperma

妊娠
kehamilan

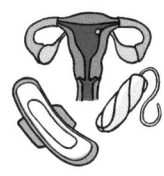

月経

menstruasi

膣

vagina

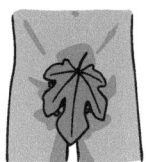

ペニス

penis

眉

alis

髪

rambut

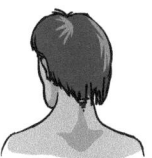

首

leher

病院

rumah sakit

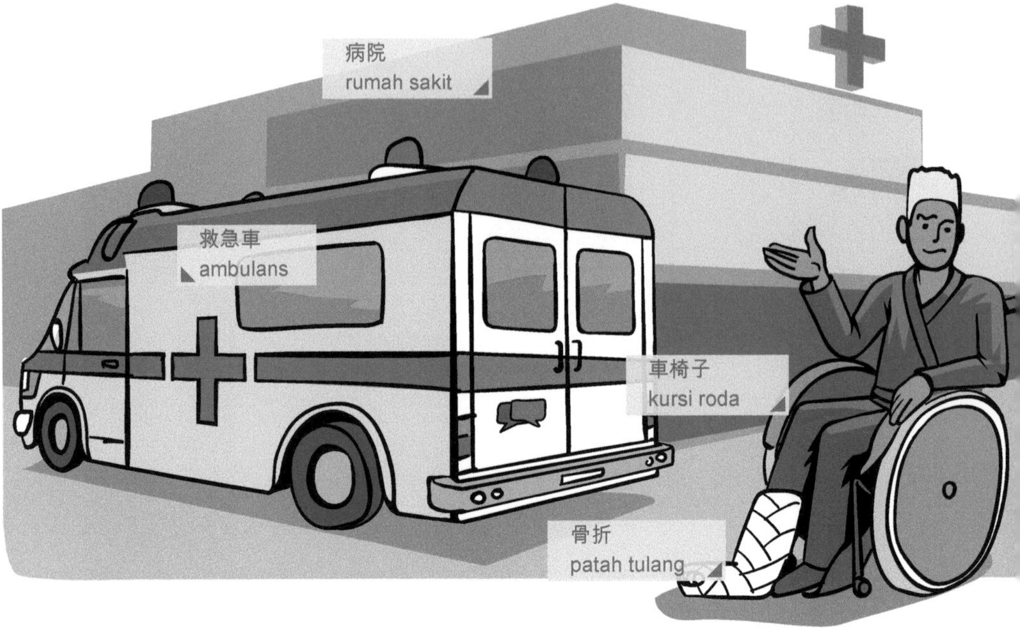

病院
rumah sakit
救急車
ambulans
車椅子
kursi roda
骨折
patah tulang

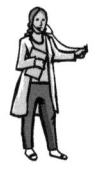

医師

dokter

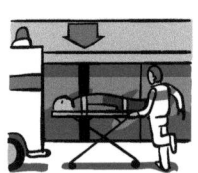

救急治療室

ruang darurat

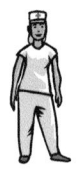

看護師

perawat

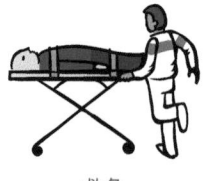

救急

darurat

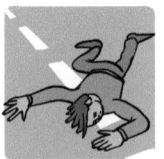

失神

semaput

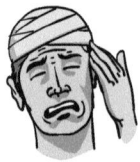

痛み

sakit

けが

cedera

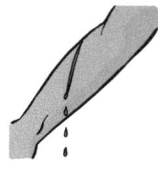

出血

perdarahan

心臓発作

serangan jantung

脳卒中

stroke

アレルギー

alergi

咳

batuk

熱

demam

インフルエンザ

flu

下痢

diare

頭痛

sakit kepala

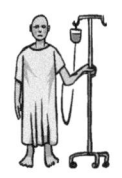

癌

kanker

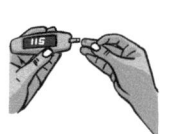

糖尿病

diabetes

外科医

ahli bedah

外科用メス

pisau bedah

手術

operasi

CT

CT

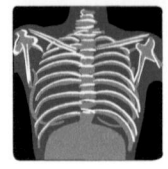

レントゲン

sinar x

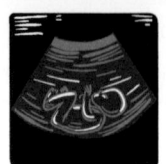

超音波

usg

マスク

topeng

病気

penyakit

待合室

ruang tunggu

松葉づえ

penyokong

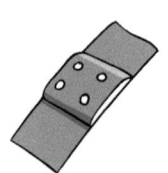

ばんそうこう

plester

包帯

perban

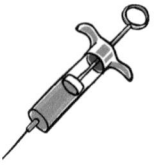

注射

injeksi

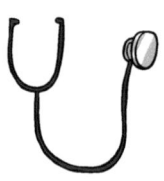

聴診器

stetoskop

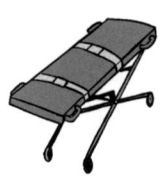

担架

usungan

体温計

termometer klinis

出産

kelahiran

肥満

kelebihan berat badan

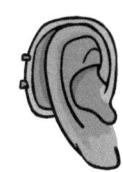

補聴器

alat pendengar

消毒剤

desinfektan

感染

infeksi

ウイルス

virus

HIV / エイズ

HIV / AIDS

内服薬

obat

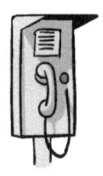

予防接種

vaksinasi

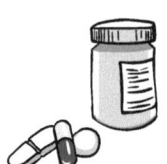

錠剤

tablet

ピル

pil

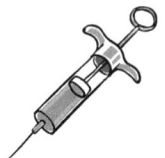

緊急電話

panggilan darurat

血圧計

ukur tekanan darah

病気の / 健康な

sakit / sehat

助けて！

Tolong!

アラーム

alarm

暴行

penyerbuan

攻撃

serangan

危険

bahaya

非常口

pintu darurat

火事だ！

Api!

消火器

alat pemadam kebakaran

事故

kecelakaan

救急箱

kit pertolongan pertama

SOS

SOS

警察

polisi

ヨーロッパ

Eropa

北米

Amerika Utara

南米

Amerika Selatan

アフリカ

Afrika

アジア

Asia

オーストラリア

Australi

大西洋

Atlantik

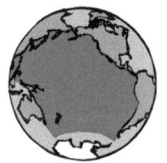

太平洋

Pasifik

インド洋

Samudra India

南極海

Samudra Antartika

北極海

Samudra Arktik

北極

kutub utara

南極

kutub selatan

南極大陸

Antarktika

地球

bumi

陸

tanah

海

laut

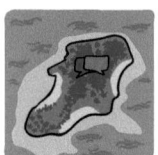

島

pulau

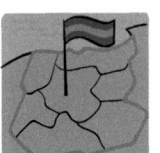

国家

bangsa

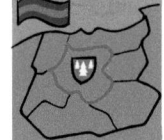

国家

negara

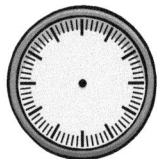

文字盤
jam wajah

短針
jarum pendek

長針
jarum menit

秒針
jarum detik

何時ですか？
Jam berapa?

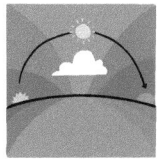

日
hari

時間
waktu

現在
sekarang

デジタル時計
jam digital

分
menit

時間
jam

週

minggu

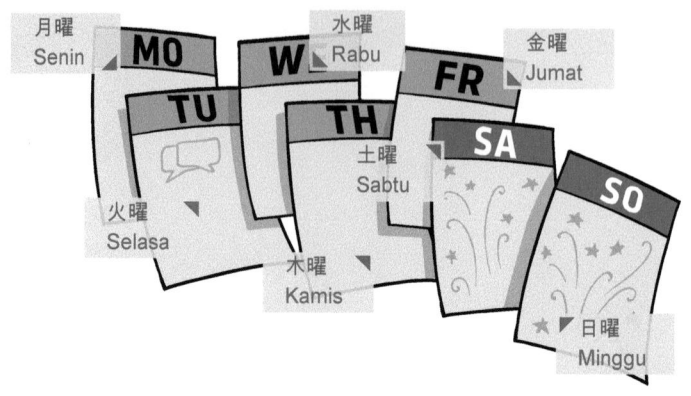

月曜 Senin
水曜 Rabu
金曜 Jumat
火曜 Selasa
木曜 Kamis
土曜 Sabtu
日曜 Minggu

昨日
kemaren

今日
hari ini

明日
besok

朝
pagi

昼
siang

夜
malam

MO	TU	WE	TH	FR	SA	SU
	1	2	3	4	5	6	7
8	9	10	11	12	13	14
15	16	17	18	19	20	21
22	23	24	25	26	27	28
29	30	31	1	2	3	4

営業日
hari kerja

MO	TU	WE	TH	FR	SA	SU
1	2	3	4	5	6	7
8	9	10	11	12	13	14
15	16	17	18	19	20	21
22	23	24	25	26	27	28
29	30	31	1	2	3	4

週末
akhir minggu

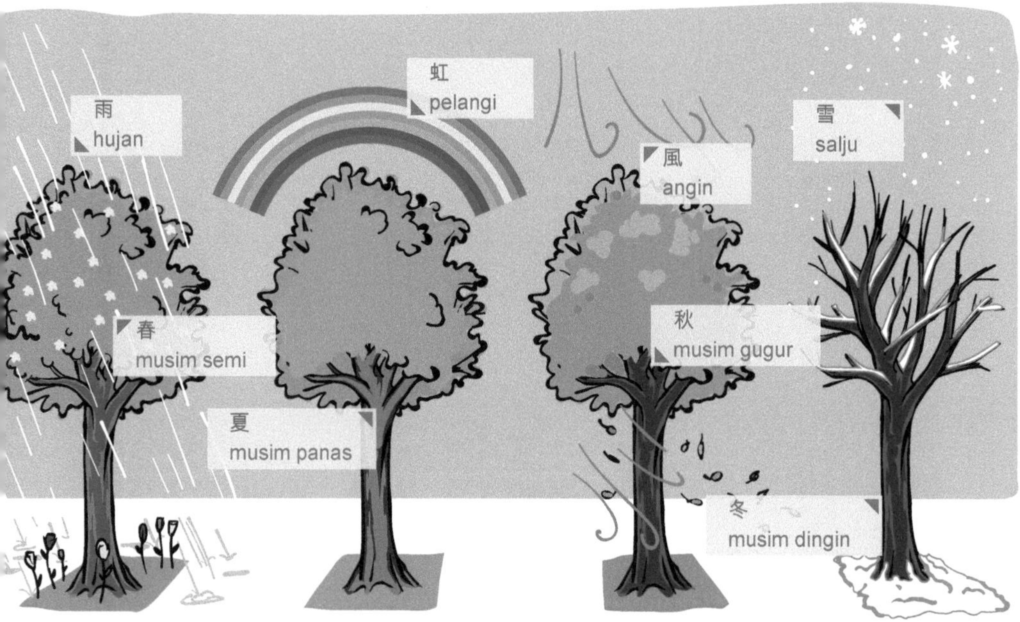

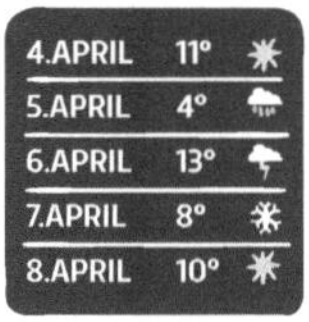

雨
hujan

虹
pelangi

風
angin

雪
salju

春
musim semi

夏
musim panas

秋
musim gugur

冬
musim dingin

4.APRIL	11°	☀
5.APRIL	4°	☁
6.APRIL	13°	☁
7.APRIL	8°	❄
8.APRIL	10°	☀

天気予報
ramalan cuaca

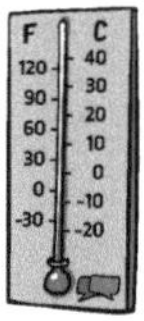

温度計
termometer

日差し
matahari

雲
awan

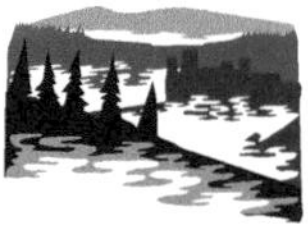

霧
kabut

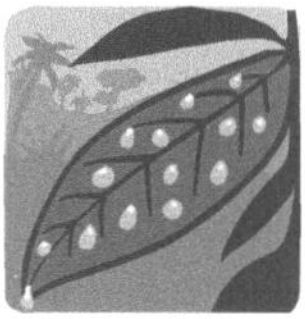

湿度
kelembahan

雷
....
kilat

雷
....
guntur

嵐
....
badai

ひょう
....
hujan es

季節風
....
monsun

洪水
....
banjir

氷
....
es

1月
....
Januari

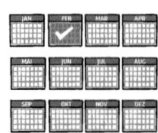

2月
....
Februari

3月
....
Maret

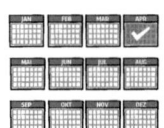

4月
....
April

5月
....
Mei

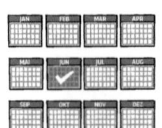

6月
....
Juni

7月
....
Juli

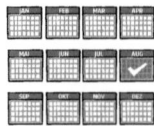

8月
....
Agustus

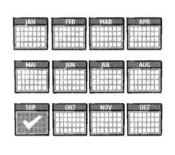

9月
....
September

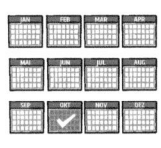

10月
....
Oktober

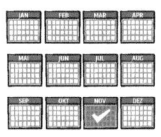

11月
....
November

12月
....
Desember

形

bentuk

円
....
lingkaran

正方形
....
persegi

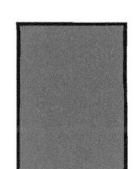

長方形
....
persegi panjang

三角
....
segi tiga

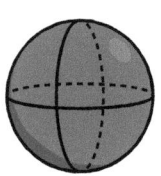

球
....
bola

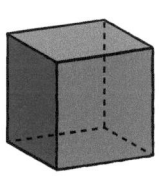

立方体
....
kubus

色

warna-warna

白
putih

黄
kuning

オレンジ
oranye

ピンク
pink

赤
merah

紫
ungu

青
biru

緑
hijau

茶
coklat

灰色
abu-abu

黒
hitam

多い / 少ない
banyak / sedikit

怒っている /
落ち着いている
marah / tenang

美しい / 醜い
cantik / jelek

初め / 終わり
mulaih / selesai

大きい / 小さい
besar / kecil

明るい / 暗い
terang / gelap

兄弟 / 姉妹
saudara laki-laki / saudara
perempuan

清潔な / 汚い
bersih / kotor

完全な / 不完全な
lengkap / tidak lengkap

日中 / 夜
hari / malam

死んだ / 生きている
mati / hidup

幅広い / 狭い
luas / sempit

食べられる　/
食べられない
dapat dimakan / tidak dapat
dimakan

悪意のある　/　親切な
jahat / baik

興奮している　/
退屈じている
bersemangat / bosan

太った　/　痩せた
gemuk / kurus

最初に　/　最後に
pertama / terakhir

友人　/　敵
teman / musuh

いっぱいの　/　空の
penuh / kosong

硬い　/　柔らかい
keras / lembut

重い　/　軽い
berat / enteng

空腹　/　喉の渇き
lapar / haus

病気の　/　健康な
sakit / sehat

違法な　/　合法な
ilegal / legal

賢い　/　愚かな
cerdas / bodoh

左に　/　右に
kiri / kanan

近い　/　遠い
dekat / jauh

新しい ／ 中古の

baru / bekas

何もない ／ 何かある

tidak ada apapun / sesuatu

老いた ／ 若い

tua / muda

オン ／ オフ

nyala / mati

開いている ／
閉まっている

buka / tutup

静かな ／ うるさい

tenang / keras

裕福な ／ 貧乏な

kaya / miskin

正しい ／間違っている

benar / salah

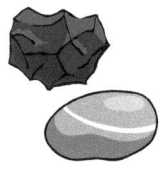

粗い／ なめらか

kasar / halus

悲しい ／ 幸せな

sedih / gembira

短い ／ 長い

pendek / panjang

ゆっくり ／ 速い

pelan-pelan / cepat

濡れた ／ 乾いた

basah / kering

温かい ／ 冷たい

hangat / sejuk

戦争 ／ 平和

perang / damai

反対 - berlawanan

0

ゼロ

nol

1

1

satu

2

2

dua

3

3

tiga

4

4

empat

5

5

lima

6

6

enam

7

7

tujuh

8

8

delapan

9

9

sembilan

10

10

sepuluh

11

11

sebelas

12

12

duabelas

13

13

tigabelas

14

14

empatbelas

15

15

limabelas

16

16

enambelas

17

17

tujuhbelas

18

18

delapanbelas

19

19

sembilanbelas

20

20

duapuluh

100

100

seratus

1.000

1000

seribu

1.000.000

100万

juta

英語
Inggris

アメリカ英語
bahasa Inggris Amerika

中国標準語
bahasa Cina Mandarin

ヒンディー語
bahasa Hindi

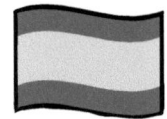

スペイン語
bahasa Spanyol

フランス語
bahasa Perancis

アラビア語
bahasa Arab

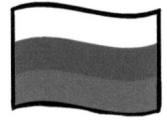

ロシア語
bahasa Rusia

ポルトガル語
bahasa Portugis

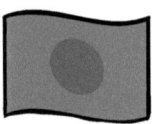

ベンガル語
bahasa Bengal

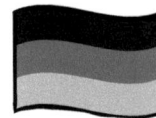

ドイツ語
bahasa Jerman

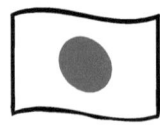

日本語
bahasa Jepang

私

saya

あなた

kamu

彼 / 彼女 / それ

dia

私たち

kita

あなたたち

kalian

彼ら

mereka

誰？

siapa?

何？

apa?

どうやって？

begaimana?

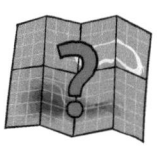

どこ？

dimana?

いつ？

kapan?

名前

nama

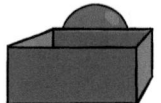

後ろ

dibelakang

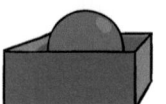

中

di

前

didepan

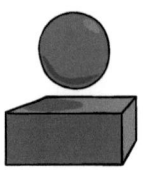

上

diatas

上

diatas

下

dibawah

横

sebelah

間

di antara

場所

tempat